AF359399

LE SÉRAIL,

OU

LA FÊTE DU MOGOL,

PIÈCE EN TROIS ACTES, EN PROSE,

Mêlée de pantomime, chants et danses.

Par J. B. HAPDÉ et J. DABAYTUA.

Musique du C. LEBLANC; ballets du C. LAURENT, ci-devant artiste de l'Opéra; décor du C. MOENCK : marches, combats, évolutions du C. EUGÈNE-HUS.

Représentée sur le théâtre de la Cité-Variétés, le premier brumaire an VIII.

———

A PARIS,

Chez BARBA, libraire, au Petit-Dunkerque, vis-à-vis le Pont-Neuf, et audit théâtre le soir.

AN HUITIÈME.

PERSONNAGES.

		Cns. et Cnes.
SIGISKAN, Grand-Mogol,		TAUTIN.
OLIMAR, Pacha de Golconde,		BOICHERESSE.
PAUL, ADOLPHE,	Voyageurs français, cultivant les arts, amans de Zulmire et Zora,	CLOZEL. VALCOURT.
ZULMIRE, ZORA,	Sultanes du Sérail de Sigiskan,	DECROIX. ADELLE.
ASEM, jeune eunuque du Sérail,		JULIE.
KALEB, gardien du Sérail,		DUMONT.
Chef d'Indiens du parti d'Olimar,		ST.-MARTIN.
Un Esclave.		
Gardes de Sigiskan.		
Eunuques.		
Soldats d'Olimar.		
Troupe de danseurs et danseuses.		
Peuple, etc.		

La scène se passe, aux deux premiers actes, à Agra, capitale du Mogol; et au troisième dans un désert à quelques lieues d'Agra.

LE SÉRAIL,

OU

LA FÊTE DU GRAND MOGOL.

ACTE PREMIER.

Le théâtre représente un jardin délicieux, parsemé de fleurs odoriférantes et orné de vases précieux. A droite et à gauche on apperçoit l'extérieur de divers pavillons ; au fond une grille très - élevée ; à travers laquelle on voit un bras du fleuve Gémène, qui baigne les murs du Sérail.

SCENE PREMIERE.

Au lever du rideau, les femmes du Sérail partagées en plusieurs grouppes, se livrent à différentes occupations ; les unes brodent, les autres dessinent : celles-ci forment des guirlandes de fleurs, celles-là des colliers et des bracelets en perles : vers le fond de la scène deux eunuques se promènent et veillent sur les sultanes.

ZULMIRE et ZORA, *sur le devant.*

ZORA, *se levant et allant vers Zulmire, un bouquet à la main.*

Hé bien, Zulmire? ton portrait est-il bientôt achevé ? (*Elle regarde*) Ah! comme il est ressemblant !

ZULMIRE.

Tu le trouves ainsi ?

A 2

ZORA.

Je t'assure qu'il est frappant. Tiens, regarde ma lettre :
liras-tu bien ce qu'elle renferme ?

ZULMIRE.

Il faudra que tu m'aides à la déchiffrer.

ZORA.

Ecoute, ma Zulmire : cette rose...

ZULMIRE.

C'est toi.

ZORA.

Ce grand nombre d'épines qui l'entourent...

ZULMIRE, soupirant.

Indiquent bien les murs du Sérail.

ZORA.

Cette verdure...

ZULMIRE.

L'espoir que tu as d'en sortir.

ZORA.

Et j'exprime mon ardeur et ma constance...?

ZULMIRE.

Par cette tulipe entrelacée d'immortelles.

ZORA.

Asem, notre messager, doit bientôt paroître.

ZULMIRE.

Qu'il me tarde de pouvoir remettre entre ses mains ces doux
gages de notre amour.

ZORA.

A chaque instant je tremble pour les jours de ces jeunes
étrangers qui affrontent tous les périls pour nous délivrer
de notre esclavage ; qu'ils sont courageux !

ZULMIRE.

Ils sont Français.

ZORA.

Oh ! ma chère Zulmire, s'ils pouvoient réussir dans leur
charmante entreprise...

ZULMIRE, avec transport.

Ah! que nous serions heureuses !

ZORA.

Plus de Sérail alors.

ZULMIRE.

Entière liberté.

ZORA.

Plus de surveillans incommodes.

ZULMIRE.

Des hommes aimables, toujours attentifs à nous plaire.

ZORA.

L'amour et l'amitié...

ZULMIRE.

Remplaceront les eunuques et les grilles.

ZORA, *souriant.*
Ah! ne disons pas de mal des grilles.
ZULMIRE, *indiquant la grille du fond.*
C'est par elles que nous avons connu le bonheur!
ZORA.
Oui, hier, tandis que l'ange du sommeil fermoit les pau-
pières de nos farouches gardiens et que l'étoile du levant
brilloit dans la voûte azurée, Adolphe m'entretenoit encore
de notre félicité prochaine.
ZULMIRE.
Ah ! que Paul me racontoit de jolies choses ! l'agréable
pays que la France ! les femmes n'y sont pas renfermées.
ZORA.
Loin d'obéir comme ici, ce sont elles qui commandent.
ZULMIRE, *vivement.*
Oh ! il m'a bien parlé de cela.
ZORA.
On aime leurs défauts , on chérit leurs caprices.
ZULMIRE.
Paul me l'a dit aussi.
ZORA.
Et puis on leur est fidèle!
ZULMIRE.
Ah ! Paul ne m'a pas dit cela.

SCENE II.

ZULMIRE, ZORA, KALEB.

KALEB, *entre en examinant attentivement toutes les femmes.*

ZORA.
Apparemment que c'est un usage dont on ne parle jamais.
ZULMIRE.
Je serois pourtant très-curieuse de savoir ce qu'il en est.
KALEB, *s'approchant d'elle avec mystère.*
Ah ! ah ! vous seriez bien aise de savoir ce qu'il en est.
ZULMIRE et ZORA.
Oh ! ciel.
KALEB.
Je vous l'apprendrai, moi.
ZORA, *à part avec frayeur.*
Il sait tout.
ZULMIRE, *avec un rire forcé.*
Vous nous avez donc entendues?

A 3

K A L E B.

Certainement, que je vous ai entendues.

Z U L M I R E et Z O R A, *à part.*

Nous sommes perdues!....

K A L E B.

Ah ça, dites-moi donc, de quoi parliez-vous ?

Z U L M I R E.

Vous ne le savez pas ?

K A L E B, *avec un rire sardonique.*

Non, ma foi.

Z O R A, *à part.*

Je respire.

K A L E B, *avec patelinage.*

Mais vous allez me le dire : on peut se fier à moi. Vous n'ignorez pas que je suis le confident des intrigues du sérail. Les femmes ont toujours quelques secrètes pensées....

Z O R A.

Que vous voudriez bien pénétrer.

Z U L M I R E.

Mais que vous ne saurez pas.

K A L E B.

Tant mieux ; parce que j'aurai du moins l'esprit de les deviner, rien ne m'échappe....

Z U L M I R E, *avec finesse.*

Croyez-vous ?

K A L E B.

Je veille nuit et jour.

Z O R A, *à part.*

C'est faux.

Z U L M I R E.

Aussi, vous seul avez gagné la confiance du grand Mogol.

K A L E B.

Sans doute, et je le mérite bien. Pour m'en donner une nouvelle preuve, il vient de me charger des préparatifs de la grande fête qui doit avoir lieu demain.

Z U L M I R E, *à part.*

J'espère bien que nous ne la verrons pas.

K A L E B.

Ah! qu'elle sera belle, mes enfans. Depuis cinquante ans, on n'en aura pas vu une semblable. On fait venir en ce moment, quantité d'objets rares et précieux. Les pachas joignent aux riches présens qu'ils ont coutume de déposer aux pieds de notre souverain, les plus belles odalisques de leurs sérails. La victoire que Sigiskan vient de remporter sur Olimar, roi de Golconde, va augmenter encore l'éclat de cette cérémonie.

On entend dans le lointain une marche orientale. Toutes les femmes se portent vers l'endroit d'où les sons partent. Le dialogue continue pendant la marche qui augmente progressivement.

KALEB.

Eh justement; tenez, tenez, le son de ces instrumens vous annonce l'arrivée de vos nouvelles compagnes. Eh! vite, vite, que l'on se prépare à les recevoir. (*Il s'occupe avec empressement à ranger les femmes sur deux haies*).

SCENE III.

LES PRÉCÉDENS, ASEM, *accourant.*

ASEM.

Seigneur Kaleb, seigneur Kaleb, que faites-vous donc là? On vous attend pour recevoir le brillant cortège qui est aux portes du sérail. (*Kaleb sort. A part à Zulmire et à Zora*). Les deux Français...

ZORA.

Eh bien?

ASEM.

Vous allez les voir.

ZULMIRE.

Où?

ASEM.

Ici.

ZORA et ZULMIRE.

Dieu!

ASEM.

Point de frayeur.

ZULMIRE.

Comment?

ASEM.

Courage et prudence.

ZORA et ZULMIRE.

Mais enfin?

ASEM.

Paix!

SCENE IV.

ZORA, ZULMIRE, ASEM, KALEB, ODALISQUES, EUNUQUES *blancs*, **EUNUQUES** *noirs*, **GARDES, SUITE. PAUL** *déguisé en Eunuque*, **ADOLPHE** *travesti en femme*.

Des gardes précèdent le cortège. Les nouvelles Odalisques paroissent sur des palanquins, portés par des esclaves. Sur le dernier palanquin, est Adolphe travesti en femme. Paul déguisé en esclave, paroît mêlé parmi les esclaves. Après avoir fait le tour du théâtre, Zora et Zulmire et leurs compagnes s'avancent pour donner la main aux nouvelles odalisques. Le palanquin qui porte Adolphe se trouve placé sur l'avant-scène. Paul se trouve aussi d'un autre côté devant les esclaves. Au moment où Zora présente sa main à Adolphe, elle le reconnoît : et dans le même instant Zulmire apperçoit et reconnoît Paul. (Tableau). Les deux femmes témoignent leur frayeur et leur surprise. Paul et Adolphe les rassurent. Asem très-attentif à tous leurs mouvemens, leur fait signe de dissimuler.

Z O R A, à part, à Adolphe.

Quelle témérité !

Z U L M I R E, à part, à Paul.

Je frémis !

A D O L P H E, à part, à Zora.

Avant l'aurore, plus d'esclavage....

P A U L, à part, à Zulmire.

Notre fuite est certaine.

A S E M, aux amans avec dissimulation.

On vous observe.

K A L E B.

Que le Dieu de Mahomet vous comble de ses bienfaits, comme la douce rosée du printems rafraîchit le riche émail d'une riante prairie. O vous, charmantes odalisques, qui avez su trouver grace devant notre grand et sublime souverain ; c'est une de vous qui doit jouir du suprême bonheur de partager demain l'éclat et la gloire du grand monarque de l'Indostan. (*Adolphe et Paul font un mouvement d'inquiétude*). Il daignera lui-même venir aujourd'hui dans son sérail choisir celle qui, par sa beauté et ses talens, saura se rendre digne d'une si grande faveur.

A D O L P H E, à part.

Je suis mort si l'on me reconnoit.

Mouvement de frayeur de la part de Zulmire, Paul et Asem.

K A L E B, *aux odalisques qui étoient dans le sérail.*

Et vous, le plus bel ornement de l'Asie, introduisez vos nouvelles compagnes, avec les cérémonies que nos usages commandent, dans les riches appartemens qui leur sont destinés.

La marche reprend : les femmes du sérail donnent la main aux nouvelles compagnes. Elles leur présentent de longues chaînes en perles entrelacées de fleurs, avec lesquelles on les conduit en dansant. Les eunuques accompagnent les femmes jusqu'à l'entrée des pavillons, et ensuite ils se retirent du côté opposé. Kaleb seul, suit les femmes. Paul qui sera derrière tout le cortège, est arrêté par Asem.

S C E N E   V.

A S E M, P A U L.

A S E M.

Hé bien, vous y voilà : vous ne vouliez pas me croire.

P A U L.

J'admire ton esprit! ton adresse!

A S E M.

Trève de complimens, s'il vous plaît ; nous n'avons pas un moment à perdre : de nouveaux obstacles semblent s'opposer à nos desseins.

P A U L.

Avec toi, nous sommes sûrs de les vaincre...

A S E M.

Je ne pouvois prévoir que le Grand Mogol voulût fixer son choix seulement parmi les nouvelles Odalisques.

P A U L.

Grands Dieux! s'il découvre le travestissement d'Adolphe..

A S E M.

Je ne suis pas trop rassuré.

P A U L.

Tu ne nous abandonneras pas, généreux ami?

A S E M.

Vous abandonner! moi? jamais; celui qui embrasse une cause... un parti, celui qui expose ses semblables pour les trahir ensuite ou les abandonner, est un lâche ou un scélérat: je ne suis ni l'un ni l'autre.

P A U L.

Quel langage étonnant! devois-je m'attendre à trouver parmi les esclaves avilis d'un sérail, une ame aussi grande un cœur si généreux!...

A S E M . *soupirant.*

Ah! je n'étois pas fait pour être eunuque... si je le suis, c'est bien malgré moi...

SCENE VI.

ZULMIRE, PAUL, ASEM.

ZULMIRE.

Je puis me dérober un instant à cette foule importune ; généreux français, calmez mon inquiétude. Depuis votre arrivée dans ces lieux redoutables, mon ame conçoit les plus vives alarmes. Comment avez-vous pu pénétrer jusqu'ici ? comment espérez-vous en sortir ?

ASEM, *à part.*

Cela devient embarrassant.

PAUL.

Oh! ma bien-aimée, je vous vois, je vous serre dans mes bras et j'oublie tous les dangers qui me menacent.

ASEM, *à part.*

C'est bien raisonner en amoureux.

ZULMIRE.

Un regard peut vous perdre.

PAUL.

L'amour peut nous sauver. Partageant l'impatience de mon ami et desirant enfin vous délivrer de votre affreuse captivité, nous apprenons par les soins du fidèle Asem, que des odalisques de différentes contrées étoient en route pour le Sérail. Nous imaginons un projet aussi hardi que décisif ; il est mis sur-le-champ à exécution. Un instant nous en contemplons les dangers, mais bientôt ils s'évanouissent, c'est Zulmire et Zora que nous allons sauver. Adolphe prend les vétemens convenables à la délicatesse de ses traits ; moi, sans balancer, je me cache sous les habits d'un esclave. A quelque distance de cette capitale est un magnifique kiosque, destiné à la réunion des nouvelles sultanes. Asem qui nous en avoit instruits, nous fait attendre dans le même lieu l'arrivée du cortege, et nous présente au chef des eunuques, Adolphe comme une circassienne qu'il avoit en ordre d'acheter, et moi, comme un des esclaves destinés à sa garde. Tout réussit selon nos desirs Favorisés par l'amour et conduits par l'amitié, nous entrons dans ce Sérail où nous avons juré de mourir plutôt que de nous séparer de celles à qui nous avons consacré notre existence.

ZULMIRE.

Ah! mon cher Paul! notre cœur est notre seul trésor, pourra-t-il jamais récompenser tant d'amour ? Mais le plaisir

que j'éprouve en vous voyant près de moi, est sans cesse
troublé par la crainte de vous perdre. Tout est-il bien préparé pour notre fuite ?

PAUL.

Oui, tout, ma Zulmire : il faut de l'intrépidité.

ZULMIRE.

Nous braverons tout pour vous suivre. Mais quels sont
ces moyens étranges que le jeune Asem nous a dit devoir
favoriser notre enlèvement et que vous nous avez cachés
jusqu'a ce jour.

ASEM.

Séparez-vous, Kaleb porte ici ses pas.

ZULMIRE, PAUL.

Kaleb !...

ASEM.

Adolphe est avec lui.

ZULMIRE.

O ciel ! Adolphe !

PAUL.

Que va-t-il lui dire ?...

ASEM.

Je vais me cacher afin d'en être instruit... (*à Zulmire*)
Vous, retournez auprès de Zora . (*à Paul*) vous auprès des
esclaves ; si l'on nous surprenoit ensemble , il iroit de
notre vie...

PAUL, *à Zulmire*.

Au milieu de la nuit . . . .

ZULMIRE.

A cette grille.

PAUL.

Tous est prévu...

ASEM.

(*Chut*)... On vient.

*Zulmire sort précipitamment par un bosquet , Paul par un au-
tre , Asem se cache et écoute.*

SCENE VII.

ASEM *caché*, **ADOLPHE** *travesti*, **KALEB**.

KALEB.

Venez, ma chère amie ,venez... je suis bien aise de causer
avec vous un petit moment en particulier.

ASEM, *à part*.

Seroit-il découvert...

K A L E B, *à part.*

Elle est, ma foi, fort appétissante...

(*Pendant ces deux à parte, Adolphe aperçoit Asem ; signaux entr'eux.*)

K A L E B.

Si nous nous asseyions sur ce banc de gazon... ici ? qu'en pensez-vous ? belle Circassienne.

A D O L P H E.

Tout comme il vous plaira !... (*Ils s'asseyent*).

K A L E B.

Que dites-vous de ce séjour ?...

A D O L P H E.

Il est fort agréable...

K A L E B.

Grace à moi, les femmes de ce sérail sont très-heureuses... mais je ne sais pas pourquoi vous m'inspirez déja une certaine prédilection. Je sens que j'aurois un extrême plaisir à vous prodiguer tous mes soins...

A D O L P H E.

Vous êtes trop bon... (*à part*). ah ! quel supplice !

K A L E B

Malheureusement... j'entrevois que vous ne serez pas long-tems sous ma garde...

A D O L P H E, *à part.*

Je l'espère !

K A L E B.

Aussitôt que le Grand-Mogol appercevra l'ensemble de vos charmes, il vous fera proclamer sa sultane favorite.

A S E M. *à part.*

Il ne manqueroit plus que cela...

K A L E B.

Alors que de richesses !... que de grandeurs... mais dites-moi, vous n'avez pas l'air très - empressée à briguer cet honneur...

A S E M, *à part.*

Je le crois bien...

A D O L P H E.

Je suis très-loin de l'ambitionner.

A R E B.

En vérité !... çà ne manquera pourtant pas de vous arriver.

A S E M, *à part.*

Jolie prophétie !...

A D O L P H E.

Un tel choix me donneroit la mort !

C A L E B.

La mort ? ô Saint-Al oran... quelle femme êtes-vous donc ?...

A S E M, *à part.*
Une femme comme il n'y en a pas...

K A L E B.
Ainsi donc l'être bienfaisant qui vous mettroit à l'abri de courir cette chance ..

A D O L P H E, *interrompant.*
Auroit de grands droits à ma reconnoissance...

K A L E B.
Il seroit possible?...

A D O L P H E.
Je vous le jure...

K A L E B, *à part.*
Ah ! la bonne aubaine !... (*haut*) Si c'étoit moi, par exemple, qui vous rendit cet important service.

A D O L P H E.
Ah ! je vous aimerois ... seigneur Kaleb!...

K A L E B, *à part et vîte.*
Elle m'aimeroit !...

A D O L P H E.
Je vous aimerois... comme mon père.

K A L E B, *à part.*
Comme son père... c'est par modestie...

A S E M.
Comment cela va-t-il finir ?

K A L E B.
Ecoutez... mon enfant. L'amitié que je conçois déjà pour vous me force à vous confier un important secret.

A S E M, *à part.*
Un secret, approchons...

K A L E B.
Le Grand-Mogol...

A D O L P H E, *avec empressement.*
Le Grand-Mogol?...

K A L E B.
Va paroître en ces lieux...

A D O L P H E.
Hé bien...

K A L E B.
Votre beauté, vos graces, votre amabilité, tout sans doute doit vous mériter la préférence sur vos rivales...

A D O L P H E.
Ensuite?..

K A L E B.
A toutes les offres, à toutes les demandes qu'il vous fera, répondez uniquement par gestes, sans proférer le moindre mot.

A D O L P H E.
Et pourquoi ?

KALEB, *avec le plus grand mystère.*

Parce que notre sublime empereur abhorre les femmes muettes.

ADOLPHE.

En trouve-t-on dans ces climats ?

ASEM, *à part.*

Elles sont partout bien rares.

KALEB.

Depuis que dans un accès de colère il priva de l'usage de la parole une de ses sultanes qu'il adoroit, un frémissement involontaire s'empare de ses sens, lorsqu'on lui retrace cette horrible image. Il n'y a pas long-tems encore qu'on lui présenta une superbe Géorgienne que la nature avoit privée de cet organe ; à peine s'en fût-il apperçu qu'il recula d'épouvante, en ordonnant qu'on la mît, sur-le-champ, en liberté.

ADOLPHE, ASEM, *chacun à part.*

En liberté !

KALEB.

Je ne dis pas qu'il en seroit de même à votre égard : mais au moins il vous garderoit ici, et alors votre serviteur iroit au-devant de tous vos desirs, vous préviendroit jusque dans la moindre chose : attentions multipliées, complaisances ans bornes, promenade, à toute heure du jour et de la nuit, dans les superbes jardins du Grand-Mogol ; des fêtes toujours nouvelles, des petits déjeûners bien friands, des petits dîners des plus exquis, et des petits soupers charmans !... Oui, vraiment... je veux que dès ce soir, dans un de ces bosquets, vous acceptiez une légère collation de ma façon... Vous verrez... vous verrez...

ADOLPHE.

Ce soir... (*Il regarde Asem qui lui fait signe d'accepter*).

KALEB.

Ce soir même...

ASEM, *à part.*

J'en aurai ma part,.....

ADOLPHE.

A peine je vous connois...

KALEB.

Tant mieux.. Dans cet aimable tête-à-tête nous ferons plus ample connoissance... Hé bien, que dites-vous de ce projet ?..

ASEM, *sortant des bosquets et se plaçant derrière Kaleb.*

Très-joli, ma foi.

KALEB, *effrayé.*

Qu'entends-je ? (*en se retournant, il apperçoit Asem*). Que venez-vous chercher ici ?

A S E M, *avec finesse.*

Je vous fais mon compliment, vous prenez fort bien les intérêts de notre souverain.

K A L E B.

Petit crocodille! toujours, toujours sur mes pas.

A R E M.

Je sais bien que vous avez beaucoup de crédit, beaucoup d'influence dans le Sérail; mais je ne vous croyois pas assez puissant pour aller sur les brisées du Grand-Mogol.

K A L E B.

Pas plus puissant que vous.

A R E M

Ecoutez, seigneur Kaleb, je pourrois vous faire beaucoup de mal, si je voulois; mais je suis naturellement bon, et vous pouvez compter sur ma discrétion, à une condition cependant.

K A L E B.

Et laquelle?..

A S R M.

C'est que je souperai avec vous ce soir.

K A L E B, *à part, d'un air chagrin.*

Il a encore entendu parler du souper.

A D O L P H E, *à part, à Kaleb.*

Il faudra bien y consentir, ou nous serions perdus.

K A L E B.

Allons, vous en serez, mon cher ami. *(à part)*. Oh! le petit serpent.

(On entend trois sons de trompettes qui se prolongent par intervalles).

S C E N E   V I I I.

L E S   P R É C É D E N S,   U N   E U N U Q U E.

L' E U N U Q U E.

Seigneur Kaleb! le grand Mogol environné de toute sa pompe entre dans le sérail.

L'eunuque sort.

K A L E B.

Oh! divin prophète! vous, charmante Odalisque, allez rejoindre vos compagnes.

A S E M.

Moi je vais attendre ici le cortège.

SCÈNE IX.

SIGISKAN, KALEB, ZULMIRE, ZORA, ADOLPHE, *travesti en sultane.* **PAUL,** *déguisé en eunuque,* **ODA-LISQUES, EUNUQUES** *blancs,* **EUNUQUES** *noirs,* **OFFICIERS** *du sérail,* **GARDES, SUITE.**

MARCHE.

Des gardes précèdent le cortége : musiciens jouant des ins-trumens orientaux ; gardes portant des trophées militaires ; eunuques portant des cassolettes où brûlent des parfums ; les odalisques voilées ; des officiers du sérail avec les marques de la dignité du grand Mogol ; Sigiskan sur un superbe pa-lanquin ; des gardes et des eunuques ferment la marche. Après avoir fait le tour du théâtre, Sigiskan descend du palanquin, tout le monde se prosterne la face contre terre, pendant qu'il prend place sur un trône de verdure. Un des officiers du sé-rail fait un signe et tout le monde se relève.

SIGISKAN.

Après les longues et pénibles fatigues des combats, il m'est doux de rentrer dans ce sérail, où règnent le bonheur et la paix. Si j'ai placé mon orgueil à subjuguer le fier Olimar, je fais consister ma gloire à rendre hommage aux charmes de la beauté.... par elle je suis heureux et sans elle il n'est pas pour moi de véritable triomphe. Réunissez-vous, charmantes sultanes, et déployez devant votre maître les talens qui vous embellissent.

Deux esclaves présentent une harpe à Zora : deux autres un cahier de musique à Zulmire ; plusieurs sultanes annoncent une des odalisques nouvellement arrivées : elle exécute un pas tandis que Zulmire chante et que Zora l'accompagne avec sa harpe.

ARIETTE.

O jour heureux d'immortelle mémoire !
   Honneur à l'auguste Turban ;
     Célébrons la victoire
  De notre invincible Sultan.
  Ah ! quel triomphe ! quelle gloire !
  Pour le maître de l'Indostan.
  Art enchanteur, divine mélodie,
Viens, à tes doux accords j'unirai mes accens :
  Et puissions-nous charmer ses sens,
  Par la plus céleste harmonie !

(*Ballet général.*)

Sigiskan

*Sigiskan paroît enchanté, il fait présenter aux trois sultanes,
trois corbeilles remplies d'objets précieux. On fait ensuite dé-
filer, devant son trône, toutes les femmes ; deux eunuques
lèvent leur voile à mesure qu'elles passent. Arrive le tour
d'Adolphe, le grand Mogol la considère avec plus d'attention.*

SIGISKAN.

Quelle intéressante timidité ! approchez, belle odalisque,
c'est vous que je choisis pour orner mon trône.... Mais vos
pieds chancèlent... vous paroissez troublée... qu'avez-vous ?...
parlez....

Adolphe fait comprendre qu'il est muet, par le refrein de l'air :
LA PAROLE. *Sigiskan est entraîné par un mouvement d'hor-
reur, dont les amans s'applaudissent en secret : Kaleb et
Asem dans un sentiment contraire expriment leur joie.*

SIGISKAN, *dans une fureur concentrée.*

Par quelle odieuse fatalité, vois-je toujours se renouveler
devant moi l'horible tableau de ma cruauté.. (*à ses esclaves.*)
Malheur au téméraire assez audacieux pour me présenter encore un être aussi dégradé par la nature.. Qu'on éloigne cette
femme... qu'on la conduise à l'instant dans le vieux sérail ;
et qu'elle y reste renfermée jusqu'à la fin de ses jours : je
te charge, Kaleb, de l'accomplissement de mes volontés.

*(Consternation générale). Kaleb témoigne seul une grande sa-
tisfaction. Des esclaves entourent Adolphe ; Kaleb à leur
tête, sort.*

SCENE X.

LES PRÉCÉDENS; *excepté* ADOLPHE ET KALEB.

SIGISKAN.

Vous, jeunes beautés, qui, par vos doux accords et votre lé-
gèreté, avez su réveiller dans mon ame les sensations les plus
délicieuses, soyez désormais auprès de mon trône, et que
vos rares talens me fassent oublier les peines de l'amour.
Occupez, dès ce moment, dans mon palais, la place qui vous
est due : séparées pour toujours de vos compagnes, vous don-
nerez à mon cœur le spectacle enchanteur et si rare dans
ces climats des graces réunies aux arts.

ZULMIRE et ZORA, *à part.*

Tout est perdu !

SIGISKAN.

C'est demain que l'Indostan célèbre la fondation de l'empire du Mogol; afin que cette solemnité surpasse en richesses

B

et en magnificence toutes celles qui ont eu lieu jusqu'ici : je
veux que tous les habitans de la capitale soient obligés de
déposer aux pieds du trône, les fruits de leur travail et de
leur industrie. Je n'ai pas oublié que deux Français demeurent depuis long-temps dans ces climats. Le bruit de leurs
connoissances est parvenu jusqu'à moi. Qu'ils viennent me
faire hommage de leur science, s'ils veulent conserver ma
protection.

P A U L, à part.

Ciel !

S I G I S K A N.

Delhi, Hasmir, Zanor, allez sur-le-champ leur porter
mes ordres.

A S E M, s'inclinant devant le trône.

Souffrez, seigneur, que cet esclave (*en lui présentant Paul*),
qui ne les a quittés que pour entrer dans votre sérail soit chargé
de leur dicter vos volontés, lui seul connoit la retraite cachée
où ils se livrent à l'étude.

*Asem fait signe à Paul qui s'avance et se prosterne devant
le Mogol ; il reçoit de lui l'ordre de partir aussitôt. Pendant ce tems, Asem, Zulmire et Zora font sentir entr'eux
le vif plaisir qu'ils ressentent.*

(Paul, sort).

SCENE XI.

L E S P R É C É D E N S, excepté P A U L.

*Sigiskan descend de son trône : tous les assistans se pros-
ternent ; il remonte en palanquin, en ordonnant que Zora,
Zulmire et la danseuse marchent immédiatement devant lui.
Le cortège sort dans le même ordre qu'il est entré. Zulmire
et Zora expriment leur douleur.*

SCENE XII.

A S E M, P A U L.

*Le jour baisse lentement : Asem suit des yeux le cortège.
Bientôt le plus morne silence succède au bruit des trompettes
et clairons.*

A S E M.

Voilà une journée qui finit bien agréablement... Zulmire
et Zora sont avec le Grand Mogol qui ne les perdra pas
de vue un seul instant, ainsi plus d'enlèvement... Les deux
Français sont séparés, c'est encore ce qui pourroit leur arriver de plus heureux. L'un est en liberté, c'est très-

bien ; mais l'autre... Comment le tirer du pouvoir de Kaleb ?...
Quel bruit ! Quelqu'un vient de ce côté... Ah ! c'est Kaleb.

SCENE XIII.

KALEB, ASEM.

KALEB *s'avance d'un pas mystérieux , il tient une petite lanterne d'une main , un panier de l'autre , et un tapis roulé sous le bras.*

KALEB.
Voyons si tout est tranquille par ici.:. Cet endroit me paroît très-propice pour le petit régal que je veux donner à la charmante Odalisque... C'est qu'elle est jolie ! brillante comme l'étoile du matin, ravissante comme l'aurore d'un beau jour , et spirituelle comme l'alcoran... (*poussant un profond soupir*). Ah ! pourquoi faut-il que... ah ! divin Mahomet !

ASEM , *lui frappant sur l'épaule.*
Vous voyez, seigneur Kaleb, que je suis exact au rendez-vous.

KALEB *à part.*
Encore ce petit sapajou... Si je pouvois m'en défaire.

ASEM.
Allons-nous bientôt souper ? mais où est votre belle ?

KALEB.
Ah ! ah ! le seigneur Asem veut plaisanter.

ASEM.
Je n'en ai nulle envie... Tenez, allez la chercher, et moi, je me charge de mettre le couvert en vous attendant.

KALEB, *à part.*
Le petit drôle est sans façon, il n'y a pas moyen de lui échapper ! (*à Asem*) Allons, je veux bien profiter de votre bonne volonté... (*allant vers le côté par lequel il est entré*). Approchez, aimable objet.

SCENE XIV.

LES PRÉCÉDENS, ADOLPHE, *toujours travesti.*

Asem étend par terre le tapis turc ; il tire du panier de Kaleb diverses sortes de fruits du pays. Au fond du panier , Asem trouve un flacon. Il le débouche et le flaire.

ASEM, *à part, en regardant le flacon.*
Ah ! du vin... ne disons rien. (*haut*) Voilà ma foi un souper digne d'un bacha, il y manque cependant quelque chose. (*Ils s'asseyent à terre sur des carreaux qu'Asem a pris dans un pavillon voisin*).

KALEB, *de mauvaise humeur.*

Voyons, petit raisonneur, que manque-t-il ?...

ASEM.

Cette liqueur précieuse qu'on aime tant en Europe.

KALEB.

Du vin ?

ASEM.

Précisément.

KALEB.

Profane ! et la foi ?

ASEM.

On s'en moque.

KALEB.

Ah ! l'impie ! le mécréant ! croyez-vous que je sois assez
mauvais musulman pour commettre un pareil excès ?

ASEM

Calmez-vous, seigneur Kaleb, je n'ai pas eu dessein de
vous offenser ; mais, sans doute, quelqu'un de vos ennemis a voulu vous jouer un mauvais tour, en mettant ce flacon
dans votre panier. (*Il tire le flacon du panier et le montre
à Kaleb*).

ADOLPHE à KALEB.

Vous êtes découvert, il n'y a plus moyen de dissimuler
maintenant.

ASEM.

Allons donc, bannissez toute crainte, vous pouvez vous
fier à moi.

ADOLPHE.

Il vous a donné aujourd'hui une grande preuve de sa discrétion.

KALEB.

Je vois bien qu'il faut tout vous avouer ; depuis si long-
tems j'entendois célébrer le vin, que je n'ai pu résister à la
tentation d'en goûter aujourd'hui, et je ne pouvois trouver
une occasion plus favorable.

ADOLPHE, *à part à Asem.*

Il faudra profiter de cette découverte.

ASEM, *à Adolphe.*

Je vous attends.

ASEM.

Pour commencer, je vous verse à boire (*Il verse à boire*).
Il est excellent !... Tenez, à propos de vin, il faut que je
vous chante une petite chansonnette composée par un Indien
qui a voyagé en Europe.

AIR.

La bonne chose que le vin !
Dont on nous interdit l'usage !
Non, rien, selon moi, n'est divin

Comme cet excellent breuvage.
Avez-vous quelque noir chagrin,
Ou quelque peine passagère?
Vîte un petit verre de vin,
Le chagrin fuit au fond du verre.

Jeune Elmire, dont la pudeur
Repousse jusqu'à notre hommage,
En goûtant de cette liqueur,
Cessera bientôt d'être sage.
Aux transports amoureux soudain
Oppose-t-elle un front sévère?
Vîte un petit verre de vin,
L'honneur s'enfuit au fond du verre.

*Ici les vapeurs du vin commencent à appesantir les paupières
de Kaleb : il s'endort peu à peu.*

D'un vieux jaloux, d'un vieux gardien
Toujours rempli de défiance,
On peut, souvent, par ce moyen,
Mettre en défaut la surveillance.
En peu de temps, l'œil le plus fin
Se trouble... adieu, pauvre cerbère;
Grace au petit verre de vin,
Prudence fuit au fond du verre.

*A la fin de ce couplet, on entend au loin l'air : caché sous les
habits d'un esclave Africain. Asem et Adolphe écoutent.*

ADOLPHE.

Ciel! c'est Paul!

A S E M *courant vers la grille.*

Oui, oui, c'est lui-même. *Il fait signe à Adolphe de se
lever avec précaution.*

SCENE XV.

Bientôt on apperçoit Paul dans une chaloupe : témoignages réciproques d'amitié. Asem fait entendre à Paul et à Adolphe, qu'il va tout tenter pour les réunir : il s'approche de Kaleb avec Adolphe, lui dérobe, avec crainte, les clefs qu'il a à sa ceinture. Pendant ce tems, Adolphe ôte précipitamment ses vêtemens de femme. Asem a réussi ; il possède les moyens d'évasion. La grille à l'instant est ouverte. Paul s'élance dans les bras de son ami : tous deux remercient la Providence. Asem les presse de fuir. Kaleb dans un profond sommeil tombe et roule sur les carreaux. Mouvement d'effroi. Kaleb ne se réveille pas. Adolphe et Paul montent dans la chaloupe, après avoir serré Asem entre leurs bras. Ce dernier referme la grille ; nouveaux adieux. Paul et Adolphe disparoissent. Asem accourt auprès de Kaleb, replace les clefs, avec précaution, à sa ceinture, prend le voile d'Adolphe, lui en couvre le corps, puis s'en va, en lui souhaitant un bon soir ironique.

FIN DU PREMIER ACTE.

ACTE DEUXIEME.

Le théâtre représente l'intérieur d'une vaste et magnifique tente, ornée de trophées et d'attributs de l'empire de l'Indostan.

SCENE PREMIERE.

KALEB, ESCLAVES.

Un grand nombre d'esclaves est occupé à faire les préparatifs nécessaires pour la fête ; les uns disposent sur la gauche un trône orné de draperies précieuses ; d'autres tendent de riches tapis ; d'autres enfin, rangent des coussins magnifiques. Kaleb surveille les esclaves, mais il paroît donner peu d'attention à leur ouvrage.

KALEB, *en lui-même.*

C'EST une chose inconcevable... Comment a-t-elle pu s'enfuir ?... En m'éveillant je n'ai plus trouvé que son voile... Oh! la rusée, comme elle a su me tromper! Elle paroissoit si douce, si timide... Aussi, pourquoi me suis-je laissé prendre comme un nigaud, depuis si long-tems que je suis dans ce sérail, n'aurois-je pas dû apprendre à connoître les femmes... Aurois-je dû oublier qu'elles n'affectent jamais autant de résignation que quand elles veulent nous duper... Ah! que j'enrage à présent d'avoir bu de cette liqueur traîtresse... Le prophète m'en a bien puni... Mais c'en est fait, jamais le vin ne mouillera mes lèvres.

SCENE II.

KALEB, ASEM.

ASEM, *entrant doucement et frappant Kaleb sur l'épaule.*

Que pour régaler des odalisques.
KALEB.
Encore ce mauvais garnement, il est dit qu'il me suivra partout. (*Haut*) Je gage que tu étois du complot.

ASEM.

De quel complot, s'il vous plait ?

KALEB.

Ah! tu fais l'ignorant !

ASEM.

Je ne vous entends pas ; que voulez-vous dire ?

KALEB.

Taisez-vous, taisez-vous, ou la patience pourra m'échapper.

ASEM.

Si vous vous mettez en colère, je me retire.

KALEB, *le prenant par le bras.*

Vous resterez ici, et je me mettrai en colère, parce que j'en ai grand sujet. Apprenez-moi ce qu'est devenue la belle odalisque d'hier au soir ?

ASEM, *feignant la frayeur.*

N'est-elle pas dans le Sérail ?

KALEB.

Petit renard! tu ignores donc qu'elle s'est enfuie.

ASEM, *avec affectation.*

Enfuie! Dieu de Mahomet, qu'allons-nous devenir! nous allons tous être empalés ; mais vous le serez le premier. Elle vous étoit spécialement confiée ; l'ange du seigneur vous a puni d'avoir voulu attenter aux droits de notre sublime souverain, et d'avoir voulu boire du vin..

KALEB, *confus et épouvanté en lui mettant la main sur la bouche.*

Silence, silence, silence, tu vas me perdre...

ASEM.

Je vais tout conter au chef des eunuques, afin qu'il n'y ait que vous de puni.

KALEB, *l'arrêtant.*

Enfant de l'enfer, veux-tu te taire ?

ASEM.

Non, non, je veux publier votre crime.

KALEB.

Mon cher petit Asem, mon cher petit bon ami.

ASEM.

En vain vous tâchez de me séduire.

KALEB.

Ecoute...

ASEM.

L'honneur du Sérail...

KALEB.

Si tu consens...

ASEM.

M'est trop précieux...

KALEB.

A garder le silence...

A S E M.

Pour que je puisse..

K A L E B.

Sur cette aventure..

A S E M.

Cacher à l'Empereur..

K A L E B.

Compte désormais sur toute ma reconnoissance.

A S E M.

Je me moque bien de votre reconnoissance ; mon devoir passe avant tout. Peut-on se conduire ainsi à votre âge ? Que diriez-vous de moi, si j'en avois fait autant ? Pauvre malheureux ! comme vous m'auriez traité ?

K A L E B.

Mon ami, je sens bien toute l'énormité de ma faute.

A S E M.

Se laisser tromper par une femme !

K A L E B.

Hélas ! je ne suis pas le premier. Mais, enfin quand nous serons tous empalés..

A S E M.

C'est vous seul qui le serez.

K A L E B, *en colère.*

Vous le serez avec moi.

A S E M.

C'est ce qu'il faudra voir.

K A L E B.

Vous avez été mon complice.

A S E M.

Vous m'avez entraîné...

K A L E B.

Vous avez bu du vin.

A S E M.

Vous l'avez acheté.

K A L E B.

Mais tu étois avec moi... tu as certainement vu quelque chose, il n'y a pas de doute que c'est toi qui as protégé sa fuite...

A S E M.

Seigneur Kaleb !... vous êtes fou.

K A L E B.

Cette aventure me le fera devenir ; mais enfin comment se fait-il, mon cher petit ami, que tu ne te sois apperçu de rien là en conscience..

A S E M.

Cette maudite boisson m'a enivré comme vous, je me suis endormi, je ne sais pourquoi, j'ai été je ne sais où : mais le fait est que je me suis trouvé ce matin, dans mon lit . je ne sais comment : apparemment que celui qui a enlevé la jeune Odalisque a eu la bonté de m'y transporter ; peut-être bien que si vous n'étiez si lourd , il vous auroit rendu le même service.

KALEB.

Allons, allons . tout cela me passe : puisse le dieu des croyans permettre que cet evènement reste à jamais ignoré. Tu me promets la plus grande discrétion... n'est-ce pas, mon petit ?

ASEM.

J'y suis autant intéressé que vous...

KALEB, *lui offrant la main.*

Plus de rancune...

ASEM , *frappant dedans.*

De tout mon cœur.

KALEB, *à part.*

Je t'y prendrai...

ASEM , *à part.*

Tu me le paieras...

KALEB.

Je vais continuer de surveiller les grands préparatifs de la fête...sans adieu , sans adieu...

ASEM.

Je vous salue , seigneur Kaleb....

(*Kaleb sort*).

SCENE III.

ASEM, *seul.*

Ah ! je suis aussi rusé que toi... je n'ai garde de me fier à tes feintes caresses. . . aussi bien je n'ai pas long-tems à redouter encore ton pouvoir et ta haine. Ces bons françois m'ont promis de m'emmener avec eux dans leur pays , si tout va bien... quelle joie ! quelle satisfaction ! j'aurai délivré de la servitude deux jolies femmes, j'aurai fait le bonheur de mes deux meilleurs amis ; servir l'amour et l'amitié dans un jour ? ah ! celui-là sera le plus beau de ma vie.

SCENE IV.

PAUL, ADOLPHE, ASEM.

PAUL.

Ah ! jeune Asem !

ADOLPHE, *lui sautant au col.*

Notre libérateur...

PAUL.

Tout se prépare , mon ami. comme nous le désirions . et tout semble nous présager la plus heureuse réussite. Déjà notre appareil, étrange même aux savans du pays, attire la foule dans les jardins du palais, et fait attendre avec la plus vive impatience , les effets de notre prétendue découverte.

ADOLPHE.

La manière impérieuse dont on nous a intimé l'ordre de paroître ici ne contribue pas peu à hâter notre projet d'évasion. Il sembloit, en entrant dans ce Sérail qu'on nous regardoit comme de vils instrumens destinés aux plaisirs de votre maitre. Il ne s'attend pas à la surprise que nous lui ménagerons.

ASEM.

Le procédé ingénieux dont vous allez vous servir pour l'exécution de votre entreprise va bien étonner aujourd'hui la capitale.

PAUL.

Nous touchons au plus beau moment !

ADOLPHE.

Je me promets l'avenir le plus flatteur. . .

PAUL, *à Asem.*

Tu connois les justes raisons qui nous empêchent de t'emmener. . . mais nous t'attendrons au rendez-vous fixé , c'est alors qu'échappé aux poursuites et aux persécutions du tyran qui domine dans ces parages , nous nous réunirons tous pour ne plus nous quitter : si nos dangers furent égaux, notre félicité sera commune; au port le plus voisin , nous nous embarquerons : un vent favorable gonfle nos voiles , et nous voilà dans l'immensité des mers : le plaisir nous conduit, l'espérance nous guide , l'amour nous protège... bientôt les côtes de la France viennent s'offrir à nos yeux , à cet aspect ravissant, notre ame s'épanche , nos cœurs palpitent, déjà nous respirons un air plus pur , nous découvrons un ciel plus serein et nous nous livrons aux plus joyeux transports en revoyant notre chère patrie !

ASEM.

Point tant d'éclat... un vieux proverbe dit : ne chantons point triomphe avant victoire..

PAUL.

Elle est sûre pour nous; mais il est tems de songer à nos aimables captives....

ASEM.

Elles sont, je vous assure , dans la plus vive inquiétude.

ADOLPHE, *à Asem.*

Cours au palais du Grand-Mogol, vois, rassure nos charmantes compagnes : cette lettre, (*Il remet une lettre à Asem.*) leur indique la manière dont elles doivent se conduire lorsqu'elles paroîtront en présence de l'empereur. Notre salut dépend de leur intelligence à répondre à nos desseins.

A S E M.

Braves Français! que je suis heureux de pouvoir encore vous témoigner mon zèle! quelque périlleux qu'il soit à un eunuque d'approcher du palais de l'empereur, je pénétrerai jusqu'au séjour de vos deux amantes, pour leur faire part de vos intentions... L'amitié redouble mon courage... Soyez tranquilles; dans un instant vous me verrez de retour..

(*Il sort précipitamment.*)

S C E N E V.

P A U L, A D O L P H E.

P A U L, *voulant l'arrêter.*

Arrête!.. s'il faut exposer tes jours;.... mais il ne m'entend déjà plus.

A D O L P H E.

L'intrépidité de ce jeune Musulman élève mon ame, et me rend capable de tout oser.

P A U L.

Avec tout cela, mon ami, si notre fidèle Asem vient à succomber dans cette dernière preuve de son dévouement, tout est perdu pour nous.

A D O L P H E.

Asem ne succombera pas, et tout réussira.

P U L.

J'admire ton assurance.

A D O L P H E.

Tu la partageras tout-à-l'heure.

P A U L.

Il est vrai que notre entreprise est hardie.

A D O L P H E.

Elle est sublime.

P A U L.

Elle est digne de ces grands hommes dont les beaux arts, que nous cultivons, nous retracent les courageux exploits.

A D O L P H E, *avec enthousiasme.*

Habiter les mêmes contrées qui produisirent jadis les Darius, les Porus, ces invincibles ennemis du conquérant du monde: s'introduire dans un sérail, enlever deux femmes au milieu de cette tourbe de farouches satellites qui les environnent de toutes parts; c'est un trait qui manquoit aux nobles travaux de ces fameux héros dont l'antiquité s'honore.

P A U L. (*même feu*).

Phidias de notre siècle, Apelles de la France, préparez vos marbres, saisissez vos pinceaux, pour transmettre à la postérité...

A D O L P H E.

Les beaux objets de notre amour.

P A U L, *lui serrant affectueusement la main.*

Cette image est digne de toi.

A D O L P H E. (*même feu*).

Je l'ai prise dans ton cœur.

K A L E B, *en dehors.*

Delhi ! Zanor !

A D O L P H E.

J'entends la voix de Kaleb.

P A U L.

Il vient ici.

A D O L P H E.

S'il alloit me reconnoître.

S C E N E   V I.

P A U L,   A D O L P H E,   K A L E B.

K A L E B *entre sans appercevoir d'abord les deux Français.*

Je ne trouve personne... tout le monde me laisse seul dans un jour comme celui-ci... Il y a encore tant de préparatifs à faire... (*Il voit les deux Français*). Ah! c'est vous, seigneurs français! soyez les bien venus... (*Il reconnoît Adolphe*). Mais.. que vois-je?.. Protecteur des Croyans, seroit-il bien possible! (*Il reste immobile, en fixant Adolphe*).

P A U L.

Paix et bonheur au favori du Mogol.

K A L E B, (*à part, toujours stupéfait*).

Elle est donc changée en homme maintenant!

A D O L P H E.

Vous paroissez interdit !

K A L E B, *à part.*

On le seroit à moins.

P A U L.

D'où peut venir l'étonnement dont nous vous voyons saisi ?..

K A L E B.

Il n'y a pas de doute, c'est elle. (*regardant toujours Adolphe*).

A D O L P H E, *à part, à Paul.*

Il me reconnoît.

PAUL. (*même jeu*).
Il faut payer d'effronterie.

ADOLPHE, *id.*
C'est bien mon intention.

KALEB. *à part.*
Si ce n'est pas elle, la ressemblance est parfaite.

ADOLPHE, *à part, à Paul.*
Le bon homme n'en peut pas revenir.

KALEB, *à part.*
Grand Dieu. quelle affreuse lumière vient m'éclairer. On dit les Français entreprenans, si avec un pareil déguisement il eût ainsi profané cette demeure! Oh! tombeau de Mahomet! quel crime abominable!..

ADOLPHE, *à Kaleb.*
Eh bien, que veut dire ce transport soudain?

PAUL, *à Kaleb.*
Qui peut causer votre affliction.

KALEB.
Et pour comble d'horreur, il est encore resté parmi les odalisques!

ADOLPHE.
Quelle fureur!

KALEB.
Ah! mon sublime maître! un sacrilège, un téméraire, un odieux étranger a osé lever un œil profane sur les houris de ton paradis.

PAUL, *à Adolphe.*
Tachons de le calmer, ses cris pourroient nous devenir funestes.

ADOLPHE.
Appaisez-vous et daignez nous instruire.

KALEB, *en colère.*
Je vais dénoncer à l'empereur votre horrible attentat... Il saura que sous les habits d'une femme vous vous êtes introduit dans son Sérail.

ADOLPHE.
Moi?

KALEB.
Oui, vous ..

ADOLPHE.
Vous extravaguez.

KALEB.
Vous avez profité de mon sommeil pour vous enfuir.

PAUL.
Mais vous perdez la tête.

KALEB.
Par le turban de l'empereur, vous allez voir si je perds la tête, vous allez être brûlé vif, écartelé...

SCENE VII.

PAUL, ADOLPHE, KALEB, ASEM, *accourant.*

A S E M.

Quel tapage! grand Dieu!

K A L E B, *à Adolphe, en lui montrant Asem.*

Et voilà votre complice, tout est découvert maintenant.

P A U L.

Jeune Mulsulman, venez à notre secours. Cet illustre eunuque accuse mon ami...

A S E M, *à Kaleb.*

Comment, vous accusez les favoris de votre maître? ceux qu'il a pris sous sa protection immédiate.

K A L E B.

Il a été trompé, il ne connoissoit pas leurs forfaits, ni les vôtres.

A D O L P H E, *feignant de s'emporter.*

C'en est trop, puisque vous persistez dans votre indécente raillerie; je cours me jeter aux pieds du Grand-Mogol, et lui demander justice de l'insulte que vous osez me faire.

K A L E B.

Ah! je suis le coupable maintenant.

A S E M.

Je vais accompagner vos pas, seigneur français, votre cause est la mienne, puisqu'il m'a désigné comme votre complice.

K A L E B.

J'enrage.

A S E M.

C'est aux pieds de Sigiskan que je dévoilerai la manière perfide dont il a favorisé cette nuit l'évasion d'une odalisque...

K A L E B.

Mais tu sais bien que c'étoit lui.

A S E M.

Ses prières et ses larmes avoient provoqué mon silence sur ce crime; mais puisqu'il ose vous en charger, ma conscience m'ordonne de protéger l'innocence.

K A L E B.

Où suis-je?

P A U L.

Enfant de Mahomet, le ciel saura récompenser votre action généreuse.

KALEB.

Oh, les traîtres !

ASEM.

Le glaive va frapper sa tête impie, et vous serez vengés.

KALEB.

Ces maudits mécréans me feront couper le cou.

ADOLPHE

Arrêtez, donnons-lui le tems de reconnoître ses torts, il peut encore revenir de son erreur.

PAUL.

Quoiqu'il ait voulu attenter aux jours de mon ami, il est assez généreux pour lui pardonner.

KALEB, *a part.*

C'est bien honnête en vérité.

ASEM.

Je reconnois là le caractère d'un Français... j'accède à votre prière, pourvu qu'il tombe à l'instant à vos pieds, pour vous demander pardon de l'injure qu'il vous a faite.

KALEB.

Et le ciel ne tonne pas.

ASEM.

Allons, vieux coquin, à genoux.

KALEB, *à Asem.*

Petite vipère !

ASEM.

A genoux.

KALEB, *à Asem.*

Tu ne périras jamais que de ma main.

ASEM.

A genoux.

KALEB, *à Asem.*

Je saurai me venger.

ASEM.

A genoux, à genoux, ou je cours au palais.

KALEB.

A quoi me vois-je réduit, grands Dieux ! faut-il demander pardon d'avoir été trompé.

ASEM, *voyant que Kaleb ne se décide pas.*

Irai-je au palais ?

KALEB.

Allons donc, je vois bien qu'il faut en passer par-là, (*tout en enrageant, il se met à genoux devant Adolphe*) Seigneur Français, homme ou femme, ou qui que vous soyez, voulez-vous bien me pardonner les fautes que vous avez commises ?...

ASEM.

Vous persistez encore ?

ADOLPHE.

ADOLPHE.

C'est assez, c'est assez, je bannis toute espèce de ressentiment à votre égard.

(On entend trois coups de canon).

ASEM.

Voilà le signal de la fête.

KALEB, *très-embarrassé.*

Comment oserai-je me présenter devant le Sultan, l'enfer se déchaîne aujourd'hui contre moi; oh! grand Dieu protégez-moi, je suis persuadé que c'est le vin de cette nuit qui m'attire autant de malheurs.. Divin, divin prophète, ayez pitié de moi. (*Il sort en se désolant*).

SCENE VIII.

PAUL, ADOLPHE, ASEM.

PAUL.

Allons, mes amis, voilà l'instant qui va fixer notre destinée. Toute notre adresse et notre courage nous seront nécessaires. Asem, profite du tumulte de la fête pour t'échapper de ces lieux. Par tes soins, Zulmire et Zora sont averties.

ASEM.

Comptez sur leur intelligence, comme sur mon zèle. Adieu, braves français, adieu, mes bons amis; de ce moment, je vais me rendre au lieu où vous devez m'attendre, que le ciel protege votre entreprise.

Ils s'embrassent tous les trois, Asem sort.

SCENE IX.

PAUL, ADOLPHE.

ADOLPHE.

Sigiskan dirrige ici ses pas, mon cher Paul, vas voir si tout est prêt.

PAUL.

J'y cours.

Il sort.

C

SCENE X.

SIGISKAN, ADOLPHE, GARDES.

A l'entrée de Sigiskan , Adolphe s'incline profondément.

SIGISKAN, *à sa suite.*

Peuple du Mogol, l'orgueilleux et foible Olimar, oubliant, dit-on , sa défaite, rassemble de tous côtés, les débris de son armée , et ménace encore mes Etats ; dissipez vos alarmes ; souvenez-vous que Sigiskan, occupe le trône de l'Indostan , et que sa volonté seule suffit pour vaincre et réduire ses plus redoutables ennemis. Que l'on introduise le peuple dans les jardins extérieurs, que l'on fasse entrer les Grands et que la fête commence. (*Deux officiers de la suite courent exécuter les ordres de Sigiskan*) (*A Adolphe.*) Etranger, allez attendre le signal qui vous avertira de l'instant où vous devez paroître.

Adolphe sort après s'être incliné devant Sigiskan , Sigiskan monte sur le trône qui est préparé et fait un signal.

SCENE XI.

LES PRÉCÉDENS, KALEB, *le chef des eunuques.*

Au son d'une fanfare, tous les grands de l'empire entrent et prennent place sur les piles de carreaux qui régnent autour de la tente. Zulmire et Zora paraissent au milieu des gardes , et vont se placer sur les degrés du trône.

Des pachas conduits par des gardes , déposent aux pieds de Sigiskan de grands vases très-découverts et pleins de pièces d'or et se retirent , des parfums brûlent de tous côtés, un grouppe d'esclaves dansant apportent des boucliers , des dards et des épées qu'ils déposent en forme de trophée sur le devant du trône; paroît ensuite une jeune bayadière suivie d'un grand nombre de ses compagnes : la première offre au sultan une couronne de myrte et de laurier.

S C E N E   X I I.

L es précédens, PAUL, ADOLPHE.

Après la danse , deux gardes introduisent Paul et Adolphe.

SIGISKAN.

Etrangers, êtes-vous prêts à satisfaire ma curiosité.

ADOLPHE.

Oui, seigneur, nous allons représenter à vos yeux, un divertissement à la française, pensant qu'une telle nouveauté, dans ces climats, pourroit vous être agréable. Nous n'avons pas hésité à figurer ici un des spectacles qui sont le plus à la mode dans notre pays : c'est ce que nous appelons une pantomime, espèce de drame qui quelquefois muet, quelquefois avec le secours de la parole, offre la vivante image d'une action héroïque ou d'un événement remarquable. En France, on ne néglige rien pour donner à ces sortes de spectacles, la plus grande pompe et le plus riche appareil ; mais ici, seigneur, privés des plus grandes ressources de l'art, nous ne pouvons que vous donner une légère idée de ce spectacle ; il sera d'autant plus intéressant à vos yeux que vos deux plus chères odalisques, Zaïmire et Zora pourront y figurer.

SIGISKAN, *enchanté.*

Français, j'approuve ce projet. *(à Zaïmire et Zora.)* Belles sultanes, allez joindre vos talens à ceux de ces étrangers.

(Les odalisques se lèvent et vont auprès de Paul et Adolphe).

ADOLPHE. *à part aux sultanes.*

Attention et courage. Le moment approche.

PAUL, *à Sigiskan.*

Nous allons, seigneur, vous retracer une action amoureuse. Deux Européennes sont au pouvoir d'un puissant souverain : elles veulent fuir sa tyrannie, si leur amour leur en donne le moyen. Daignez, seigneur, vous prêter à l'illusion, et ne pas oublier que la scène se passe en Europe. Afin de donner quelqu'éclat à ce divertissement, cette tente, disposée par mes soins, va disparoître, à un signal donné , pour dévoiler à vos yeux toutes les ressources de notre art. Nous allons commencer.

(Adolphe, Paul, Zora, Zulmire se retirent vers le fond du théâtre).

PANTOMIME.

Zulmire paroît triste et rêveuse. Elle déplore sa destinée et attend le retour de son amant.

Zora entre, elle cherche à consoler son amie.

ZORA.

Bannis ta mélancolie, tu sais que nous touchons au terme de nos maux. C'est aujourd'hui que nous quittons ces lieux témoins de notre captivité.

ZULMIRE.

Je sais que nos amans, aussi tendres que courageux, doivent tout risquer pour nous soustraire à notre esclavage; mais enfin, réussiront-ils dans leur entreprise ?

ZORA.

Tu me fais partager tes alarmes ! s'ils alloient succomber...

ZULMIRE, *épouvantée.*

Ciel !...

(Zulmire se représente ce malheur, et prie le ciel de ne pas lui refuser son assistance. Zora reste plongée dans la plus grande douleur.

Paul et Adolphe entrent. Ils contemplent un moment les deux amies, et se félicitent d'en être aimés. Ils s'approchent d'elles, les deux amies les apperçoivent et les serrent dans leurs bras. Sigiskan ne peut contenir quelques mouvemens de jalousie.

ADOLPHE.

Il est enfin arrivé, cet heureux moment où nous devons nous réunir pour toujours ; venez, ne perdez pas un tems précieux, tout est prêt pour notre fuite.

ZORA.

Ah ! je frémis. Comment sortir de ces lieux ! Comment nous dérober aux regards de la foule de surveillans qui environne ce palais ?

PAUL.

Bannissez vos alarmes .. Tout est prévu. Le maître que vous allez quitter ne pourra pas même s'opposer à votre fuite.

Zulmire et Zora témoignent encore quelques craintes. Paul et Adolphe les pressent. Enfin, elles cèdent et sortent avec Paul.

ADOLPHE, *à Sigiskan.*

Maintenant, seigneur, l'action va continuer dans le jardin.

(Il sort précipitamment).

*La tente disparoît et laisse voir dans toute leur magnifi-
cence les jardins du sérail. Les quatre amans s'enlèvent
dans les airs dans deux ballons : tous les assistans paroissent
anéantis. Le ballon s'enlève avec rapidité.*

PAUL, *dans le ballon.*

Adieu, Sigiskan, nous sommes à jamais hors de ton pouvoir.

(*Le ballon disparoît*).

SIGISKAN.

Je suis trompé.

(*Il se précipite de son trône, le plus grand désordre règne
partout*).

SIGISKAN.

Téméraires !... Esclaves, soldats, peuple, préparez-vous
à venger l'honneur d votre souverain outragé. Quelles que
soient les ressources de leur art, ces vils étrangers ne peu-
vent long-tems se maintenir dans les airs. Je vais moi-
même m'attacher à leur poursuite, et je jure par le glaive
de Mahomet, de ne rentrer dans mon palais, qu'après avoir
tiré de cette injure, la vengeance la plus éclatante.

*Sigiskan sort furieux à la tête de ses gardes, tout le monde
se retire dans le plus grand désordre).*

FIN DU SECOND ACTE.

ACTE TROISIÈME.

*Le théâtre représente un lieu désert et aride ;
dans le fond s'élèvent de hautes montagnes d'où
se précipite un torrent. Un pont en bois joint
deux rochers escarpés ; sur le devant, à droite,
on voit l'antre d'une caverne profonde ; au des-
sus est un pin isolé. Avant le lever de la toile ,
on entend gronder le tonnère avec force ; l'orage
diminue, et au commencement de l'acte le jour
semble s'éclaircir.*

SCÈNE PREMIÈRE.

*Au lever du rideau , la scène offre le spectacle d'une caravane
faisant une halte : les soldats sont couchés à terre et se re-
posent ; les chameaux et les éléphans demeurent immobiles
sur le haut des monts ; quelques védettes veillent ; le pacha
étendu sur un lit de verdure à l'entrée de la caverne, paroît
agité. (Tableau.)*

OLIMAR.

O honte ! O désespoir !.... il est donc vrai que je suis vaincu !..
Ambitieux Sigiskan ! que t'ai-je fait pour me chasser de mes
états ? que t'ai-je fait pour spolier mes richesses, dévaster
mon palais.... massacrer mes esclaves ? à quel affreux sort je
suis réduit ! forcé d'errer de déserts en déserts, cacher à tous
les yeux mon rang et ma dignité, rougir de moi-même !
Olimar ! voilà ta destinée !.. ainsi la foudre réduit en cendre
le cèdre orgueilleux du Liban :.. ainsi l'homme dans un seul
jour, descend du faîte des grandeurs, à l'état d'opprobre et
d'avilissement....

*(Un bruit tumultueux se fait entendre : aussitôt les soldats
se lèvent et courent à leurs armes.)*

OLIMAR.
Quel bruit !... aux armes ! aux armes !

SCENE II.

Asem descend précipitamment du sommet des montagnes, il est poursuivi par plusieurs Indiens du parti d'Olimar, il traverse le camp en cherchant à se sauver; ne pouvant y réussir, il se jette à genoux au milieu des soldats, et leur demande grace; les soldats le traînent aux pieds d'Olimar; Asem appercevant ce dernier se prosterne devant lui.

OLIMAR.

Qui êtes-vous, jeune homme?

ASEM.

Seigneur, un pauvre petit eunuque.

OLIMAR.

Eunuque.

ASEM.

Appartenant au Grand-Mogol des Indes, Sigiskan.

TOUS LES SOLDATS.

Sigiskan!

OLIMAR.

Sigiskan! que ce nom m'est odieux!...

UN CHEF D'INDIENS.

Nous étions en observation, cachés derrière ces montagnes, quand nous apperçûmes cet inconnu qui accouroit vers ce lieu; nous lui criâmes de s'arrêter, et loin de nous obéir, il redoubla vitesse pour se soustraire à nous; seigneur, tout porte à croire que c'est un espion de Sigiskan: au nom de mes camarade, je vous demande sa tête!..

TOUS LES SOLDATS.

Sa tête!.....

ASEM.

Ah! seigneur, daignez suspendre un arrêt si barbare, et veuillez bien m'entendre....

OLIMAR.

J'y consens; mais songe que tu es devant Olimar...... et qu'une imposture seroit punie!

ASEM.

Olimar! Dieux! quelle rencontre!....

OLIMAR.

Parles; comment se fait-il qu'eunuque de Sigiskan, tu puisses être hors du sérail et aussi éloigné de la ville d'Agra; Réponds.

ASEM, *encore tremblant.*

M'y voilà, seigneur, m'y voilà: Vous savez que ce jour est celui de la fête du Mogol; qu'à cette époque tous les

savans viennent offrir à l'empereur leurs utiles découvertes;
hé bien, deux français pour se soumettre à l'usage, ont en sa
présence enlevé deux de ses sultanes, dans des grosses ma-
chines rondes, qui sont montées dans les airs à l'admiration
générale, et à la fureur de sa Majesté.

UN CHEF D'INDIENS.

Effectivement, seigneur, avant l'orage nous avons cru voir
un prodige qui n'étoit sans doute autre chose que cela.

ASEM.

Hélas! c'est cet orage affreux qui cause à présent ma peine;
j'ai perdu de vue ces voyageurs aériens.....

OLIMAR.

Vous alliez donc à leur poursuite?

ASEM.

Non pas, seigneur: mais selon la direction qu'ils auroient
prise, je devois me rendre au port le plus voisin et là les re-
trouver..... Ils m'avoient promis de m'emmener avec eux
dans leur pays : que vais-je devenir? je me suis échappé
du sérail où je facilitois leur intelligences secrètes... si le
Grand-Mogol ou sa suite qui sont à la recherche des fugitifs en ce moment me rencontrent, c'en est fait du pauvre
Asem!...(*Il sanglote.*)

OLIMAR, *réfléchissant.*

A la recherche des fugitifs, en ce moment..(*haut*) et de
quel côté plongent dans les airs, ces fugitifs si fameux?

UN CHEF DES INDIENS.

Vers l'occident, Seigneur...

ASEM.

Je les ai vu passer au-dessus de ces monts...

OLIMAR.

Au-dessus de ces monts? (*à part*) quelle lueur d'espérance
vient tout-à-coup ranimer mon courage.. (*haut*) Soldats
d'Olimar, je conçois le plus vaste projet, si nous sommes
peu nombreux, notre valeur est grande oublions une défaite.. la fortune semble nous offrir la prime de la victoire...
il faut la mériter par notre courage et notre audace!..Jurez
.... partout; jurez de périr avec moi, plutôt
que de vous rendre.. et nous triompherons!

TOUS LES SOLDATS.

Nous le jurons.

ASEM, *à part.*

Ah! que vont-ils faire de moi? (*haut*) Seigneur, vous
voyez que je suis innocent du crime que l'on m'imputoit.

OLIMAR.

J'aime à le croire; mais je ne puis te rendre ta liberté.
Je vais marcher contre ton maître, te présenter des armes,
ce seroit te forcer à le trahir; qu'il sache, ce farouche
tyran, que je suis plus généreux; mais pour m'assurer de

toi, je vais te faire enchainer. Tu me suivras aussi dans mon
expédition.

*Asem supplie Olimar de ne pas l'enchaîner ; mais malgré
ses prières, on lui donne des fers. Olimar fait ranger sa troupe,
lui fait faire différentes évolutions, la divise par pelotons,
et assigne à chacun d'eux le chemin qu'il doit prendre. Les
chameaux et les éléphans défilent avec le reste de la ca-
ravanne ; Asem suit Olimar en exprimant la plus vive
douleur.*

SCENE III.

PAUL, *d'abord seul* : **ADOLPHE, ZULMIRE, ZORA.**

*Paul sort avec mystère du fond de la caverne, examine
les lieux, puis fait signe à Adolphe et aux sultanes, d'avancer
sans crainte.*

PAUL.
Enfin, nous voilà hors de cette affreuse caverne !...

ADOLPHE, *soutenant Zora et Zulmire qui paroissent accablées
de fatigues.*

Nous sommes rendus à la lumière ! courage, ma Zora, la
fatigue vous accable, je le vois...

ZORA.
Les forces me manquent....

ADOLPHE.
Pour moi, je ferois encore du chemin sans me reposer.

ZULMIRE.
Asseyons-nous sur cette roche (*Adolphe et Zora s'asseyent.*)

ADOLPHE.
Il ne faut nous flatter de rencontrer de caravensérail que
vers la fin du jour...

ZORA.
Que vers la fin du jour ?...

PAUL.
Hélas ! oui ; nous ne devons nous en prendre qu'à cette affreuse tempête qui nous a forcés de descendre beaucoup plutôt
que nous ne l'eussions fait sans elle.

ZULMIRE.
Nous serions bien loin à présent ?

ADOLPHE.
Au moins au-delà des états du Grand-Mogol.

ZORA.
Nous y sommes donc encore ?

PAUL.

Certainement!...

ZORA.

Ah ! ciel!

ZULMIRE.

Qu'avons-nous à craindre ? à coup sûr, Sigiskan n'aura pas
été tenté de nous suivre.

ADOLPHE.

Et quand même il l'auroit voulu , nous sómmes maintenant
à l'abri de tout danger. . .dans cette solitude , qui nous décou-
vriroit ?

PAUL.

Nos voitures aériennes ont repris leur course après l'orage,et
par cette ruse nous trompons les yeux observateurs. Pour nous
dérober aux recherches de ceux qui nous auroient vus approcher de terre , cette grotte souterraine nous a offert un pas-
sage aussi favorable qu'inconnu.

ZULMIRE.

Que va devenir notre cher Asem, qui ignore cet évène-
ment ?

ZORA.

J'ai pour lui la plus vive inquiétude !...

ADOLPHE

L'intelligent Asem n'aura sans doute pas oublié nos con-
ventions.

ZULMIRE.

C'est à lui que nous devons notre liberté.

ADOLPHE.

Notre bonheur !

ZORA.

Mais nous sommes près d'un torrent, avec grand plaisir je
m'y désaltérerois ..

(ils se lèvent)

ZULMIRE.

J'en dirois bien autant; mais je préférerois encore quelques
fruits sauvages , car en vérité, dans les airs on gagne de l'ap-
pétit à ce qu'il me paroit...

PAUL.

Nous allons chercher à vous satisfaire....

*D'abord , ils vont prendre au torrent de l'eau dans leurs
mains et la présentent à Zulmire et Zora , qui s'en rafraîchis-
sent : ensuite ils font entendre qu'ils vont chercher des fruits aux
alentours.*

SCENE V.

ZULMIRE, ZORA.

ZULMIRE.

Hé bien, Zora ?

ZORA.

Hé bien, Zulmire ?

ZULMIRE.

Le voilà pourtant arrivé cet heureux jour !

ZORA.

Puisse-t-il être sans nuage !...

ZULMIRE.

Toujours la même ! peureuse et mélancolique.

ZORA.

Toi, toujours hardie et folle.

ZULMIRE.

C'est vrai.

ZORA.

Tu es faite pour les grandes entreprises ; tu as du caractère.

ZULMIRE.

Pour tant de gens qui n'en ont pas.

ZORA.

Zulmire plaisante sur tout.

ZULMIRE.

C'est mon défaut, chacun a le sien ; aimer, rire et chanter, voilà ma devise :

RONDEAU:

Moi, je veux partager la vie,

Entre l'amour et la folie ;

Il faut jouir dans son printemps,

Car on n'a pas toujours quinze ans.

Le doux plaisir d'aimer bien tendrement

Est préférable à la tristesse ;

Se lamenter , gémir sans cesse.

Dieu ! Quelle peine et quel tourment.

Moi, je veux , etc.

Tous vos regrets sont superflus ;
Dès que vous avancez dans l'âge,
On vous respecte davantage ;
Mais on ne vous adore plus.
Moi, je veux, etc.

Pendant la ritournelle de l'air, elles rentrent sous la grotte).

SCENE V.

(Sigiskan paroît sur le haut de la caverne, tandis que Zulmire et Zora sont dessous).

S I G I S K A N, *examinant les lieux, dit à basse voix.*

Mon oreille m'auroit-elle trompé ?.. C'est de ce côté qu'une voix se faisoit entendre à l'instant...

Z O R A.

Adolphe et Paul tardent bien à revenir...

S I G I S K A N, *à basse voix.*

Quelqu'un a parlé...

Z U L M I R E.

Ne vas-tu pas tirer de là mille conséquences fâcheuses ?..

S I G I S K A N, *à voix basse.*

Sous ce rocher !.. Ecoutons...

Z O R A.

Appelons-les...

Z U L M I R E.

Je vais regarder si je ne les appercevrois pas à travers le feuillage.

(Zulmire et Zora sortent de la caverne, Sigiskan apperçoit Zulmire la première).

S I G I S K A N *s'écrie.*

Zulmire !..

Zulmire épouvantée se retourne, apperçoit Sigiskan, jette un cri perçant, et se précipite au fond de la caverne : elle disparoît. Zora à ce cri tombe évanouie ; Sigiskan s'élance à terre, et reconnoît Zora : Dans le même instant Zulmire ressort de la caverne, les cheveux épars ; des gardes la poursuivent : Paul et Adolphe accourent de l'autre côté. Les esclaves de Sigiskan paroissent de toutes parts. (Tableau).

SCENE VI.

PAUL, ADOLPHE, ZULMIRE, ZORA, SIGISKAN.

SIGISKAN.

Je vous tiens enfin, perfides ennemis! malgré votre exécrable trahison, vous voilà donc en mon pouvoir!.. Vous ne saviez pas jusqu'à quel point iroient ma colere et mon ressentiment; vous étiez loin de croire que je vous eusse poursuivis même au bord des précipices et au fond des cavernes... C'est à présent que je vais me venger!.. Tremblez... Le seul récit de votre supplice fera palir d'effroi quiconque oseroit encore chercher à me tromper.

PAUL.

La mort, de quelque genre qu'elle soit, ne sauroit nous effrayer..; mais si vous frappez les coupables, soyez juste.. épagnez l'innocence ; Zulmire. Zora ne doivent point être les victimes de notre amour : c'est nous, nous seuls qui les avons forcées à nous suivre ; sauvez leurs jours, et vous aurez encore notre estime en nous faisant périr.

ZULMIRE et ZORA, *en se jetant dans les bras de Paul et d'Adolphe.*

Non, nous mourrons ensemble !!...

SCENE VII.

OLIMAR, ASEM, *paroissant avec précaution au-dessus de la caverne;* LES PRÉCÉDENS.

SIGISKAN, *avec ironie.*

Vos vœux seront accomplis : telle étoit d'ailleurs ma suprême volonté : amans inséparables. vous allez à mes yeux être tous en même tems précipités du sommet de ces rochers...

Paul et Adolphe, Zulmire, Zora frémissent d'horreur!.. Paul et Adolphe renouvellent leurs instances pour que leurs amantes ne partagent pas le même supplice : Asem se met aux genoux d'Olimar et le supplie de délivrer les victimes; Sigiskan refuse toujours avec fierté la grace qu'on lui demande. Il ordonne à ses esclaves d'exécuter à l'instant ses ordres : les esclaves s'emparent de Paul, Adolphe, Zulmire, Zora ; ils les traînent au lieu du supplice ; déjà ils gravissent les rochers, lorsque Olimar, tirant un coup de pistolet en l'air, se jette de suite sur Sigiskan, et le force à un combat singulier. Paul et Adolphe enlèvent entre leurs bras Zulmire et Zora, et cherchent à les sauver. La mêlée devient générale, les troupes d'Olimar arrivent de toutes parts : les Français et Asem sont bientôt armés : ils terrassent les canniques de Sigiskan : Sigiskan lui-même va succomber ; le glaive d'Olimar est suspendu sur sa tête : Asem, Zulmire, Zora se jettent aux pieds d'Olimar. (Tableau).

OLIMAR.

Ta vie est entre mes mains ; je puis frapper, et Sigiskan aura vécu !...

ZULMIRE, ZORA, AZEM.

Seigneur !...

OLIMAR.

Cette générosité me désarme !... Voilà pourtant ceux que tu allois sacrifier à ta rage !

OLIMAR.

Vas, je te pardonne... tu es indigne de mes coups ; mais enchaîné à mon char de victoire, tu me suivras dans tes états : c'est la seule vengeance que je veuille tirer des cruautés que tu as exercées sur mes sujets.

UN CHEF D'INDIENS.

Seigneur, un nouveau corps de troupes de Sigiskan, s'avance de ce côté. (*L'espérance semble renaître dans l'ame de Sigiskan*).

OLIMAR.

Que toutes les communications soient sur-le-champ interceptées ; que ce pont soit incendié : faisons la plus vigoureuse résistance.

Des soldats avec des torches mettent le feu au pont : mouvement dans l'armée : Sigiskan est entouré de gardes ; il exprime sa fureur.

OLIMAR.

Point de quartier, si les troupes de Sigiskan ne veulent se rendre, qu'elles sachent que leur maître est sous ma puissance.

SIGISKAN, *s'élançant vers les montagnes avec la rapidité de l'éclair.*

Et que Sigiskan est sauvé...

Asem seul a pu le joindre : Sigiskan l'enlève entre ses bras, et va le précipiter par-dessus le pont, quand celui-ci, arrachant avec adresse à Sigiskan le poignard de sa ceinture, lui en porte un coup mortel. Le pont déjà enflammé s'écroule : Sigiskan tombe dans le torrent. Asem resté sur les débris du côté opposé, en voyant accourir vers lui du haut des montagnes les troupes de Sigiskan, lève les mains au ciel, et se précipite dans le même torrent. Paul s'y jette après lui.

Les troupes de Sigiskan arrêtées dans leur marche par l'in-
terruption du pont, sont à l'instant environnées sur tous les
points, et mettent bas les armes. Paul ramène dans ses bras
Asem. Zulmire, Zora et Adolphe lui prodiguent leurs soins.
Olimar ôte de son cou un riche collier de diamans, il
en fait présent à Asem.

O L I M A R.

Recevez ce présent, intrépide jeune homme; c'est un foible gage de ma reconnoissance : mais je serai bientôt à même
de vous récompenser d'une manière grande et généreuse.

A S E M.

On ne me récompense pas ainsi, seigneur; j'ai délivré la
terre d'un monstre; je vous ai vengé d'un cruel ennemi :
je vois mes bons amis heureux... je n'ambitionne pas d'autre
bien *(Il se précipite dans leurs bras).*

A D O L P H E, *aux sultanes et à Asem.*

Belles sultanes, et vous généreux ami, venez enfin habiter ces heureuses contrées, où l'empire des cœurs appartient
seul à la beauté, et partageons désormais nos jours entre les
arts, l'amour et l'amitié.

F I N.